CB032224

TATIANA ROMANO

panelaterapia

A cozinha das estações

BelasLetras

Editor
Gustavo Guertler

Coordenação editorial
Fernanda Fedrizzi

Revisão
Mônica Ballejo Canto e Germano Weirich

Capa e projeto gráfico
Celso Orlandin Jr.

Fotos
Tatiana Romano

Foto da autora (quarta capa)
Marcelo Vagner

Dados Internacionais de Catalogação na Fonte (CIP)
Biblioteca Pública Municipal Dr. Demetrio Niederauer
Caxias do Sul, RS

R759	Romano, Tatiana.
	Panelaterapia: a cozinha das estações /
	Tatiana Romano. Caxias do Sul, RS:
	Belas-Letras, 2016.
	144 p.; 20cm.
	ISBN 978-85-8174-277-9
	1. Culinária. 2. Gastronomia. I. Título.

| 16/14 | CDU: 641.55 |

Catalogação elaborada por
Cássio Felipe Immig, CRB-10/1852

Grafia atualizada segundo o Acordo Ortográfico da Língua
Portuguesa de 1990, que entrou em vigor no Brasil em 2009.

IMPRESSO NO BRASIL

[2016]
Todos os direitos desta edição reservados à
EDITORA BELAS-LETRAS LTDA.
Rua Coronel Camisão, 167
Cep: 95020-420 – Caxias do Sul – RS
Fone: (54) 3025.3888 – www.belasletras.com.br

Sumário

Primavera 11

Verão 41

Outono 71

Inverno 101

Delícias para qualquer dia do ano

Relacionar gastronomia e estações do ano é algo muito comum, afinal, o clima de cada período tem grande influência sobre as nossas escolhas alimentares. Claro que existe um componente cultural de cada país. Em alguns locais do mundo, por exemplo, é absolutamente normal consumir sorvetes no inverno, coisa que para nós, brasileiros, já não é tão usual. Para este livro, eu fiz a seleção das receitas com base no senso comum, naquilo que tenho vontade de comer em cada estação, e desconfio que suas escolhas coincidam com as minhas!

Começo com a primavera, que é uma estação onde estamos loucos para trocar as blusas de lã e cobertores do inverno por um gramado verdinho onde possamos nos deitar e pegar aquele sol gostoso da manhã. Para celebrar esse período, escolhi receitas coloridas e aromáticas, que combinam com o clima alegre e contagiante dos dias floridos e iluminados.

O verão para mim é quase que uma primavera com um toque de pimenta. Pratos mais leves e frescos são perfeitos para os dias de calor, seja na praia ou em um almoço ao ar livre com amigos. Receitas mais rápidas, com menos tempo no calor da cozinha, fazem parte da minha aposta para esta estação.

Depois de gastarmos tanta energia no verão chega o outono, com suas folhas secas, sua brisa fresquinha, pedindo um pouco mais de conforto e de recolhimento. Época em que já sentimos vontade de comidas quentinhas e de texturas mais aveludadas.

O inverno segue como uma intensificação de tudo que o outono traz. Período em que o ambiente quentinho da cozinha é muito bem-vindo. Lareiras e cobertores combinam demais com pratos fumegantes, assados e sobremesas mais encorpadas. O inverno é a estação oficial da *comfort food*.

Agora, o melhor de tudo é que você pode preparar receitas deliciosas em todas as estações e espero que, assim como eu, você também aprecie preparos práticos, rápidos, com ingredientes possíveis e que tenham um resultado final surpreendente! É o que pretendo lhe oferecer nas próximas páginas! Aprecie sem moderação!

Primavera

Pastinha de Grão-de-Bico

PASTINHA DE GRÃO-DE-BICO

Ingredientes
1 xícara (chá) de grão-de-bico cozido
40ml de suco de limão
½ colher (chá) de sal
Pimenta-do-reino a gosto
Azeite de oliva a gosto

Modo de preparo
Coloque o grão-de-bico, o suco de limão, o sal e a pimenta-do--reino em um processador ou liquidificador e vá colocando azeite aos poucos e triturando até obter consistência de pasta. Na hora de servir, faça uma cavidade na superfície e coloque azeite, formando uma espécie de "piscininha".

Dica: Sirva acompanhada de pães e palitos de salsão e cenoura.

Rendimento: 6 porções.

Tortinhas de Presunto e Milho

TORTINHAS DE PRESUNTO E MILHO

Ingredientes da massa

3 xícaras (chá) de farinha de trigo
½ xícara (chá) de manteiga sem sal em temperatura ambiente
½ xícara (chá) de óleo de soja
½ xícara (chá) de leite
1 gema
1 colher (sopa) de fermento em pó
1 colher (chá) de sal

Ingredientes do recheio

1 xícara (chá) de presunto triturado no processador ou picado bem miudinho
1 xícara (chá) de queijo prato triturado no processador ou picado bem miudinho
½ xícara (chá) de milho em conserva
1 caixinha (200g) de creme de leite
2 ovos levemente batidos (como se fosse fazer omelete)
Sal e pimenta-do-reino a gosto

Modo de preparo da massa

Misture todos os ingredientes até formar uma massa uniforme que não grude nas mãos. Caso fique pegajosa, adicione mais farinha, se ficar seca, mais leite. Cubra com plástico filme e reserve.

Modo de preparo do recheio

Misture tudo e reserve.

Montagem

Forre forminhas de alumínio ou descartáveis com a massa nos fundos e laterais. Preencha com o recheio e leve ao forno em 200°C por aproximadamente 20 minutos ou até que estejam douradas.

Dica: Se quiser que as tortinhas fiquem ainda mais saborosas, salpique um pouco de queijo parmesão por cima antes de levar ao forno.

Rendimento: 15 a 20 unidades dependendo do tamanho da forminha.

Picanha de Forno no Sal Grosso

PICANHA DE FORNO NO SAL GROSSO

Ingredientes
1 peça de picanha de até 1 kg
2 kg de sal grosso

Modo de preparo
Preaqueça o forno em 220°C por 15 minutos. Utilize uma assadeira em que caiba a picanha, mas que não seja muito grande para não precisar de muito sal. Forre o fundo da assadeira com uma camada de sal grosso. Coloque a picanha sobre o sal com a gordura virada para cima. Cubra a carne por completo com mais uma camada de sal. Leve ao forno por 40 minutos. Retire todo o sal da superfície e deixe a carne descansar por 10 minutos antes de fatiar. Não se preocupe que ela não ficará salgada demais. Sirva a seguir.

Dica: Pincele manteiga nas fatias de carne antes de servir.

Rendimento: 6 porções.

Patê de Bacalhau

PATÊ DE BACALHAU

Ingredientes
3 colheres (sopa) de azeite
$^1/_2$ cebola picada
2 dentes de alho picados ou triturados
6 azeitonas pretas sem caroço picadas
1 tomate sem pele e sem semente picado
$^1/_3$ xícara (chá) de salsinha picada
250g de bacalhau dessalgado e desfiado
1 batata cozida e amassada
2 colheres (sopa) de maionese
1 caixinha (200g) de creme de leite

Modo de preparo
Refogue a cebola no azeite. Após 2 minutos, acrescente o alho e, antes que ele doure, junte o tomate. Refogue bem para que ele solte a água e fique desmanchando. Some as azeitonas, o bacalhau e a salsinha. Mantenha no fogo, mexendo sempre para secar por completo os líquidos que se formarem. Deixe esfriar. Misture a batata amassada e a maionese. Vá acrescentando o creme de leite aos poucos até atingir a consistência de patê. Sirva com torradas ou pães rústicos fatiados.

Dica: Se preferir, troque o bacalhau por atum em lata ou frango cozido e desfiado.

Rendimento: 6 porções.

Bolo de Limão

BOLO DE LIMÃO

Ingredientes da massa

3 ovos

½ xícara (chá) de óleo de soja

1 xícara (chá) de leite integral

1 colher (chá) de essência de baunilha

Raspas da casca de 1 limão

2 e ½ xícaras (chá) de farinha de trigo

2 xícaras (chá) de açúcar

1 colher (sopa) de fermento em pó

Ingredientes da cobertura

1 lata de leite condensado

60ml de suco de limão

1 colher (sopa) de creme de leite

Modo de preparo

Em um recipiente grande junte os ovos, o óleo, o leite, a baunilha e as raspas da casca do limão. Use um *fouet* (batedor de arame) para incorporar bem todos os ingredientes. Sobre a mistura polvilhe a farinha e o açúcar e mexa bem. Por fim, acrescente o fermento em pó e misture novamente. Coloque em forma untada e enfarinhada e leve ao forno preaquecido em 180°C por aproximadamente 45 minutos.

Para a cobertura, misture o leite condensado com o suco de limão até ficar encorpado. Junte o creme de leite e mantenha na geladeira até a hora de usar.

Espere o bolo esfriar, desenforme, cubra com a cobertura e polvilhe raspas de cascas de limão.

Dica: Faça o bolo em forma quadrada e leve ao freezer por 1 hora, ele fica ótimo bem gelado. Sirva com chantili.

Rendimento: 10 porções.

Camarão na Moranga

CAMARÃO NA MORANGA

Ingredientes

700g de camarões médios limpos

3 colheres (sopa) de azeite

1 cebola picada

3 tomates sem pele e sem sementes picados

2 dentes de alho picados

1 tablete de caldo de camarão ou legumes dissolvido em 100ml de água quente

1 colher (sopa) de extrato de tomate

2 caixinhas (200g cada) de creme de leite

3 colheres (sopa) de salsinha picada

1 moranga média

200g de requeijão cremoso

Sal e pimenta-do-reino a gosto

Modo de preparo

Corte uma tampa na parte de cima da abóbora e retire a polpa e as sementes com a ajuda de uma colher grande. Tempere a abóbora por dentro com sal, pimenta-do-reino e um pouco de azeite. Coloque a abóbora sem a tampa sobre o prato do micro-ondas e aqueça por 20 minutos em potência máxima ou até ficar macia por dentro.

Tempere os camarões com sal e pimenta-do-reino, reserve.

Aqueça o azeite e refogue a cebola e o alho. Acrescente os tomates e mexa por mais alguns minutos até eles começarem a dissolver. Junte o caldo, o extrato de tomate, os camarões e deixe ferver por 3 minutos. Por fim, some metade do requeijão, o creme de leite e a salsinha. Se achar que o molho está muito grosso, acrescente um pouco de leite e misture.

Coloque no fundo da moranga a outra metade do requeijão cremoso, em seguida o recheio. Se desejar, pode levar ao forno em 200°C por 15 minutos.

Dica: Experimente usar camarões menores e fazer porções individuais usando abóboras miniatura.

Rendimento: 6 porções.

Biscoitinho Delícia

nela*terapia*

BISCOITINHO DELÍCIA

Ingredientes
250g de farinha de trigo
125g de banha de porco (que pode ser substituída por manteiga sem sal)
125g de açúcar
1 colher (sopa) de essência de baunilha
Cubinhos de goiabada cascão o quanto baste
Água gelada o quanto baste

Modo de preparo
Misture a farinha, a banha, o açúcar e a baunilha. Vá amassando com as pontas dos dedos até virar uma farofa grossa. Aos poucos, colher por colher, acrescente água gelada até conseguir obter uma massa lisa que desgrude das mãos.
Envolva a massa com plástico filme e leve à geladeira por 15 minutos.
Abra pequenos pedaços de massa com um rolo e use um cortador para dar o formato desejado. Se você não tiver muita habilidade, apenas faça bolinhas e achate-as. Coloque os biscoitos em uma assadeira e no centro de cada um coloque um pedacinho da goiabada.
Leve para assar por aproximadamente 15 minutos em 180°C ou até que as bordas dos biscoitos estejam levemente douradas.
Retire do forno e polvilhe açúcar. Depois de frios, guarde os biscoitos em um pote bem vedado.

Dica: Você pode adicionar canela ou chocolate em pó na massa e não usar a goiabada.

Rendimento: 3 xícaras (chá) de biscoitinho

25

Bolo de Banana Rapidão

BOLO DE BANANA RAPIDÃO

Ingredientes
2 ovos
4 bananas nanicas maduras, sendo duas para a massa e duas para
a cobertura
4 colheres (sopa) de óleo
100g de iogurte grego ou natural
1 xícara (chá) farinha de trigo
²/₃ de xícara (chá) de açúcar
1 colher (sopa) rasa de fermento em pó
Açúcar com canela para polvilhar

Modo de preparo
Amasse 2 bananas com o garfo e misture os ovos, o óleo e o
iogurte. Acrescente o açúcar, a farinha e por fim o fermento.
Misture bem. Coloque em uma forma untada e enfarinhada. Corte
as duas bananas restantes em rodelas e espalhe por cima da
massa. Polvilhe com uma mistura de 1 colher (sopa) de açúcar com
½ colher (sopa) de canela.
Leve ao forno preaquecido em 180°C por aproximadamente 30
minutos. Se desejar, polvilhe açúcar de confeiteiro para decorar.

Dica: Adicione nozes ou as castanhas de sua preferência à massa.

Rendimento: 8 porções.

Frango Assado ao Molho de Laranja

FRANGO ASSADO AO MOLHO DE LARANJA

Ingredientes do frango
4 unidades de coxa com sobrecoxa desossadas temperadas
4 ramos de alecrim fresco
1 colher (sopa) de manteiga gelada

Ingredientes do molho
50g de manteiga com sal
1 xícara (chá) de suco de laranja natural
½ colher (sopa) de amido de milho
1 colher (sopa) de açúcar
¼ de tablete de caldo de galinha ou legumes

Modo de preparo
Espalhe um fio de azeite na assadeira e coloque os pedaços de frango já temperados. Você pode usar os cortes que preferir e temperá-los como quiser, não precisa ser um tempero complexo, já que o sabor se concentrará no molho.
Por cima de cada pedaço de frango coloque um pedacinho de manteiga gelada e um ramo de alecrim.

Leve para assar em forno preaquecido em 200°C por 30 minutos sem cobrir.
Passado este tempo, retire a assadeira do forno e com cuidado descarte o excesso de líquidos que ficam depositados no fundo. Volte a assadeira para o forno e deixe até dourar bem. Este tempo varia muito dependendo do tamanho dos pedaços de frango e da potência do seu forno, então o ideal é ficar de olho na coloração da ave.
Para o molho, misture todos os ingredientes e leve ao fogo médio até ferver e engrossar. Retire o frango do forno quando estiver bem dourado e regue com o molho.

Dica: Você pode adicionar batatas cruas para assar junto com o frango. Basta cortá-las em pedaços pequenos e espalhá-las pela assadeira.

Rendimento: 4 porções.

Medalhão Suíno com Pêssego Grelhado

MEDALHÃO SUÍNO COM PÊSSEGO GRELHADO

Ingredientes
6 medalhões de filé mignon suíno temperados com 2 horas de
antecedência com suco de limão, 1 dente de alho triturado, sal e
pimenta-do-reino
6 tiras longas de bacon
3 pêssegos *in natura* cortados em fatias
2 colheres (sopa) de mel
1 colher (sopa) de manteiga
Azeite de oliva o quanto baste

Modo de preparo
Enrole os medalhões com tiras de bacon e prenda as
extremidades com um pedacinho de palito de dente.
Doure os medalhões no azeite e, quando eles estiverem quase
no ponto, acrescente os pêssegos em fatias. Espalhe alguns
pedacinhos de manteiga sobre os pêssegos e regue com o mel.
Retire os medalhões e mexa os pêssegos pela frigideira para pegar
todo o sabor da carne. Sirva a seguir.

Dica: Decore com as ervas de sua preferência.

Rendimento: 6 porções.

Abobrinha Grelhada Especial

ABOBRINHA GRELHADA ESPECIAL

Ingredientes
1 abobrinha italiana
Suco de ½ limão
1 dente de alho espremido
Sal, pimenta-do-reino e azeite de oliva o quanto baste
1 xícara (chá) de queijo mozarela ralado
1 tomate sem semente em cubos
Manjericão fresco e orégano seco (opcional).

Modo de preparo
Corte a abobrinha em rodelas com 1cm de altura. Tempere com o suco de limão, alho, sal, pimenta-do-reino e azeite. Em uma frigideira antiaderente, grelhe até dourar bem as rodelas de abobrinha em apenas um dos lados. Vire-as, tire a frigideira do fogo e coloque queijo, tomate, manjericão e orégano na cobertura. Volte para o fogo baixo para grelhar o outro lado das abobrinhas e derreter o queijo.

Dica: Esta receita também pode ser executada com berinjela.

Rendimento: 4 porções.

Camarão Agridoce

CAMARÃO AGRIDOCE

Ingredientes
500g de camarões grandes sem casca e sem cabeça
3 dentes de alho espremidos
2 colheres (sopa) de manteiga sem sal
2 colheres (sopa) de azeite
Sal e pimenta-do-reino o quanto baste
1 colher (sopa) de vinagre balsâmico
1 colher (sopa) de suco de limão
1 colher (sopa) de ketchup
1 colher (sopa) de açúcar
2 colheres (sopa) de molho de soja (shoyu)
1 colher (café) de molho de pimenta

Modo de preparo
Leve ao fogo a manteiga e o azeite, acrescente o alho e antes que ele doure junte os camarões. Tempere com sal e pimenta-do-reino. Quando estiverem grelhados, baixe o fogo e junte todos os demais ingredientes. Mexa por 1 minuto e desligue o fogo. Se quiser, adicione salsinha ou coentro picado.

Dica: Sirva os camarões sobre uma "cama" de purê de mandioquinha (batata-baroa).

Rendimento: 4 porções.

Doce de Abóbora com Requeijão

DOCE DE ABÓBORA COM REQUEIJÃO

Ingredientes
1 kg de abóbora moranga sem casca picada em cubos grandes
2 xícaras (chá) de açúcar
6 cravos da índia
$^1/_2$ xícara de água
50g de coco ralado (seco ou fresco)
Requeijão cremoso de acordo com seu gosto

Modo de preparo
Leve ao fogo médio a abóbora, o açúcar, a água e os cravos. Assim que ferver baixe o fogo e cozinhe lentamente, mexendo de vez em quando até a abóbora desmanchar por completo. Adicione o coco ralado e mexa por mais 1 minuto.
Deixe esfriar e leve à geladeira. Sirva acompanhado de requeijão cremoso.

Dica: Se você não curte a mistura de doce e salgado, troque o requeijão por creme de leite.

Rendimento: 6 porções.

Torta de Atum Fácil

TORTA DE ATUM FÁCIL

Ingredientes da massa
3 ovos
1 xícara (chá) de leite
$1/2$ xícara (chá) de azeite ou óleo
1 $1/2$ xícara (chá) de farinha de trigo
3 colheres (sopa) de queijo parmesão ralado
$1/2$ colher (chá) de sal
Pimenta-do-reino a gosto
1 colher (sopa) de fermento em pó (químico)

Ingredientes da cobertura
$1/2$ cebola picada
1 tomate sem sementes picado
3 colheres (sopa) de cheiro-verde picado
1 lata de atum drenada (sem o óleo ou água)
Azeite, orégano, sal e pimenta-do-reino para temperar a gosto

Modo de preparo da massa
Misture os ovos, o leite e o óleo. Acrescente os demais ingredientes, deixando o fermento por último. Você pode misturar manualmente ou usar um liquidificador.

Modo de preparo da cobertura
Misture todos os ingredientes e tempere-os a gosto. A sugestão é usar sal, pimenta-do--reino, azeite e orégano seco.

Montagem
Coloque a massa em uma forma untada e enfarinhada. Espalhe uniformemente a cobertura e leve ao forno preaquecido em 200°C por aproximadamente 40 minutos (tempo que pode variar para mais ou menos conforme o seu forno).

Dica: Você pode trocar o atum por frango desfiado, presunto picado, sardinha, etc.

Rendimento: 8 porções.

Verão

Salada de Beterraba com Maionese de Limão

SALADA DE BETERRABA COM MAIONESE DE LIMÃO

Ingredientes
3 beterrabas
1 colher (sopa) de açúcar
50ml de vinagre (qualquer tipo)
1 xícara de leite integral bem gelado
½ dente de alho triturado ou picadinho
½ colher (chá) de sal
Raspas da casca e suco de ½ limão (se quiser mais ácido, coloque mais)
Aproximadamente ½ xícara (chá) de óleo

Modo de preparo
Higienize bem as beterrabas e adicione-as na panela de pressão com o açúcar e o vinagre. Você pode cozinhá-las inteiras e com casca para manter os nutrientes. Cubra com água e leve ao fogo médio. Assim que pegar pressão, coloque em fogo mínimo e conte 30 minutos. Desligue o fogo e deixe a pressão sair. Escorra as beterrabas e, quando esfriarem um pouco, descasque e pique-as em pedaços grandes. Leve à geladeira enquanto prepara a maionese.

Coloque no copo do liquidificador (ou do mixer) o leite, o alho, o sal, o suco de limão e metade das raspas da casca. Bata em velocidade lenta e enquanto bate vá adicionando o óleo. É importante que seja um fio fino e constante. Quando atingir o ponto, pare de bater.

Na hora de servir, tempere as beterrabas com um pouco de sal, coloque a maionese por cima e o restante das raspas da casca do limão.

Dica: Você também pode cozinhar as beterrabas no vapor.

Rendimento: 6 porções.

Sorvete de Mousse de Maracujá com Raspas de Chocolate

SORVETE DE MOUSSE DE MARACUJÁ COM RASPAS DE CHOCOLATE

Ingredientes
1 lata de leite condensado
1 lata de creme de leite sem soro
1 lata (use a lata do leite condensado como medida) de suco concentrado sabor maracujá
½ xícara (chá) de raspas de chocolate meio amargo

Modo de preparo
Bata os três primeiros ingredientes no liquidificador e leve ao congelador ou freezer de um dia para o outro.
O suco concentrado industrializado pode ser substituído por suco natural. Para isso, bata a polpa do maracujá com o mínimo de água possível, coe e utilize na receita.
Com a massa do sorvete pronta, basta salpicar raspas de chocolate. Chocolate meio amargo combina muito bem com o sabor do maracujá, mas você pode usar o que preferir.

Dica: Adicione raspas ou pedacinhos de chocolate à massa do sorvete antes de levar para gelar.

Rendimento: 8 porções.

Compota de Manga e Gengibre

COMPOTA DE MANGA E GENGIBRE

Ingredientes
½ kg de manga cortada em cubos
400g de açúcar refinado
400ml de água
Suco de 2 limões Taiti
$^1/_2$ colher (sopa) de gengibre ralado

Modo de preparo
Misture o suco de limão com as mangas picadas e reserve.
Leve ao fogo a água, o açúcar e o gengibre. Assim que ferver, baixe o fogo e deixe reduzir e formar uma calda, mas não tão espessa e escura quanto de pudim. Deve ser uma calda ainda clara e bem mais rala. Adicione as mangas com suco de limão e misture delicadamente com a calda. Mantenha em fogo baixo por aproximadamente 5 minutos. Desligue, deixe esfriar em temperatura ambiente e guarde na geladeira em recipiente higienizado e tampado.

Dica: Sirva com iogurte natural ou sorvete de creme e polvilhe canela.

Rendimento: 8 porções.

Queijos Caseiros
Tipo Ricota e Cottage

QUEIJOS CASEIROS TIPO RICOTA E COTTAGE

Ingredientes
1 litro de leite integral
1 colher (chá) rasa de sal
De 3 a 10 colheres (sopa) de vinagre de cor clara ou suco de limão

Modo de preparo
Aqueça o leite até ferver. Desligue o fogo e acrescente colher por colher de vinagre (ou suco de limão) e mexa aos poucos até perceber que está com aspecto de talhado e a parte sólida se separou da líquida. Neste ponto não é mais necessário adicionar vinagre ou limão. Acrescente o sal, misture e deixe descansar por 15 minutos.
Esta receita serve para fazer ambos os queijos.
Para preparar o queijo tipo Cottage, é só passar a mistura pela peneira pressionando levemente, colocar em um pote com tampa e guardar na geladeira.
Para fazer o queijo tipo Ricota, é só colocar a mistura em um pano limpo e torcer para drenar completamente o soro. Em seguida, colocar a massa restante em um recipiente com o formato desejado pressionando bem com uma colher. Deixe descansar por meia hora na geladeira e então desenforme.
A durabilidade de ambos é de uma semana sob refrigeração.

Dica: Você pode adicionar azeite, ervas e especiarias para fazer queijos temperados.

Rendimento: 1 xícara de queijo tipo Cottage ou uma unidade pequena de queijo tipo Ricota.

Salada de Macarrão

SALADA DE MACARRÃO

Ingredientes
50ml de azeite (para temperar o macarrão)
100ml de creme de leite (para temperar o macarrão)
250g de macarrão cozido em água e sal e passado na água fria para interromper o cozimento
1 xícara (chá) de grãos de milho cozido (em lata)
½ xícara (chá) de ervilhas frescas ou em conserva
1 xícara (chá) de peito de peru em cubos
1 xícara (chá) de queijo prato em cubos
$^1/_3$ xícara (chá) de pimentão vermelho picado
Sal e pimenta-do-reino a gosto

Modo de preparo
Misture o macarrão cozido e já frio com o azeite e o creme de leite. Junte todos os demais ingredientes. Acerte o sal e acrescente pimenta-do-reino a gosto. Sirva geladinho.

Dica: Adicione atum no lugar do peito de peru e se quiser um elemento crocante coloque batata palha por cima na hora de servir.

Rendimento: 8 porções.

Gelado de Abacaxi

GELADO DE ABACAXI

Ingredientes
500g de abacaxi picado (sem o miolo)
$^1/_2$ xícara (chá) de açúcar
800ml de água
2 caixinhas de gelatina sabor abacaxi
2 caixinhas (200g cada) de creme de leite

Modo de preparo
Leve ao fogo o abacaxi, a água e o açúcar. Assim que ferver, baixe o fogo e deixe cozinhar por 10 minutos. Desligue o fogo e acrescente o pó das duas gelatinas, mexendo bem para dissolver. Junte o creme de leite, misture, coloque em potinhos ou em recipiente único e leve para a geladeira até ficar firme.

Dica: Para uma versão mais leve, use creme de leite *light* e gelatina zero açúcar.

Rendimento: 8 porções.

Picolé de Leite Ninho

PICOLÉ DE LEITE NINHO

Ingredientes
1 xícara (chá) de água
1 xícara (chá) de leite Ninho ou outra marca de leite em pó
1 lata de leite condensado
2 caixinhas (200g cada) de creme de leite

Modo de preparo
Bata todos os ingredientes no liquidificador ou mixer, preencha forminhas e leve ao congelador ou freezer por 12 horas para que fiquem perfeitos ao desenformar.
Caso você não tenha forminhas, use copinhos descartáveis. Neste caso, preencha os copinhos e leve ao congelador por 3 horas, depois espete palitos de madeira e mantenha-os no congelador até completar 12 horas.

Dica: Para a versão de coco, acrescente 30g de coco ralado e troque o creme de leite por leite de coco.

Rendimento: 12 picolés.

Maionese Verde de Pão

MAIONESE VERDE DE PÃO

Ingredientes
1 pão francês amanhecido (duro) sem casca picado grosseiramente
½ colher (chá) de sal
1 dente de alho
100ml de leite
1 colher (chá) de mostarda comum
1 xícara (chá) de cebolinha verde
Óleo de soja o suficiente (aproximadamente 150 a 200ml)

Modo de preparo
Coloque no liquidificador (ou em um mixer) todos os ingredientes, exceto o óleo.
Bata para misturar tudo e enquanto bate vá derramando o óleo sobre os ingredientes. É importante que seja um fio fino e constante. Adicione quanto for necessário até a mistura endurecer e adquirir consistência de maionese.

Dica: Você pode não acrescentar a cebolinha e saborizar como quiser. Pode usar atum, cenoura ou beterraba cozida, ervas, limão, etc.

Rendimento: 1 xícara (chá) de maionese.

Bolo Gelado de Coco

BOLO GELADO DE COCO

Ingredientes da massa

1 xícara de leite morno

½ xícara de óleo

3 ovos

2 xícaras de farinha de trigo

1 ½ xícara de açúcar

½ xícara de coco ralado

1 colher (sopa) rasa de fermento em pó

1 colher (chá) de essência de baunilha

Ingredientes da calda

½ lata de leite condensado

½ lata de leite (use a lata do leite condensado para medir)

200ml de leite de coco

Cobertura

Coco ralado fresco ou seco

Modo de preparo da massa

Misture todos os ingredientes líquidos ou bata no liquidificador. Peneire sobre eles a farinha e o açúcar, e por fim junte o coco e o fermento. Misture bem. Coloque em forma untada e enfarinhada e leve ao forno preaquecido em 180°C até assar. Para saber se está assado, após 30 minutos de forno, espete um palito de dente no centro do bolo, se sair limpo, está assado. Em geral, leva de 30 a 45 minutos, dependendo de cada forno.

Finalização

Deixe o bolo esfriar por 20 minutos. Na sequência, fure com um garfo toda a sua superfície. Misture os ingredientes da calda e vá colocando aos poucos por cima. À medida que absorver, você coloca mais um pouco. É comum ficar um pouco de calda depositada por cima. Deixe o bolo esfriar em temperatura ambiente, tampe com papel alumínio e leve para a geladeira por 1 hora. Espalhe coco ralado, corte em pedaços, embrulhe em papel alumínio e leve ao congelador ou freezer. Para consumir, deixe 10 minutos em temperatura ambiente.

Dica: É importante que a superfície do bolo esteja retinha para a calda não escorrer pelas laterais. Se ele ficar irregular, acerte com uma faca antes de colocar a calda.

Rendimento: 18 pedaços.

Flatbread
(massa para pizza de frigideira)

FLATBREAD (MASSA PARA PIZZA DE FRIGIDEIRA)

Ingredientes
1 xícara (chá) de farinha de trigo comum
1 colher (café) de sal
1 colher (sopa) de azeite
Água morna até dar ponto

Modo de preparo
Misture a farinha e o sal. Regue com o azeite e vá colocando água aos poucos enquanto mistura até virar uma massa lisa que não gruda nas mãos. Sove um pouco por uns 3 minutos. Não precisa se preocupar se você não souber sovar, é só ir amassando do jeito que conseguir.
Em seguida, divida a massa em duas partes e abra o mais fino que puder usando um rolo de macarrão. Como estamos falando de um tipo de massa rústica, não precisa ter formato exato, mas se quiser um disco bem redondo, use uma tampa de panela para isso, basta pressioná-la sobre a massa e tirar o excesso.
Coloque a massa em fogo médio, em frigideira antiaderente e, quando estiver douradinha de um lado vire, retire do fogo, coloque a cobertura da sua preferência e volte ao fogo para assar a massa do outro lado e derreter o queijo.

Dica: Você pode dourar a massa dos dois lados, sem cobertura, e servir em pedaços para acompanhar pastinhas e patês.

Rendimento: 2 discos individuais.

Peixe Assado Especial

PEIXE ASSADO ESPECIAL

Ingredientes do tempero do peixe

Suco de 1 limão
1 colher (chá) de sal
1 colher (chá) de colorau ou páprica
2 colheres (sopa) de azeite
Pimenta-do-reino de acordo com seu gosto

Ingredientes gerais

1 peixe da sua preferência, que pese entre 1,5 kg
e 3 kg, já temperado conforme instruções
2 batatas sem casca em rodelas
1 cenoura grande sem casca em rodelas
6 cebolas tipo aperitivo sem casca ou 1 cebola
em rodelas grossas
6 azeitonas verdes
Azeite o quanto baste

Ingredientes do molho para regar o peixe enquanto assa

150ml de vinho branco seco
2 colheres (sopa) de azeite
1 colher (sopa) de suco de limão ou vinagre
1 colher (sopa) de ervas finas (mix de ervas
comprado pronto)
1 xícara de folhas de coentro (se não gostar
use salsinha)
1 dente de alho
1 colher (café) rasa de sal
¼ de cebola
$^1/_2$ colher (café) de pimenta-do-reino

Modo de preparo

Faça cortes diagonais na superfície do peixe, mas sem aprofundar demais.
Tempere o peixe com pelo menos 2 horas de antecedência com os ingredientes do tempero e mantenha na geladeira.
Regue um refratário com bastante azeite e forre o fundo com as batatas e a cenoura. Coloque o peixe sobre esta "cama" de legumes. Em volta dele adicione as azeitonas e as cebolas.
Bata todos os ingredientes do molho e despeje aproximadamente a quantidade de ½ xícara (chá) sobre o peixe e os legumes. Leve ao forno em 200°C sem cobrir com papel alumínio. Sempre que o molho secar, retire a assadeira do forno, regue com mais um pouco de molho e volte ao forno. Repita esta operação até o peixe estar assado.

Dica: Se você não utilizar todo o molho para regar o peixe, guarde-o em um pote fechado na geladeira por até 30 dias e reutilize em outra receita.

Rendimento: 4 a 6 porções.

Clericot

CLERICOT

Ingredientes
2 xícaras (chá) de frutas picadas
1 xícara (chá) de suco de laranja
3 xícaras de vinho branco (suave) frisante
Pedras de gelo o suficiente

Modo de preparo
Coloque as frutas em uma jarra. Você pode usar as que mais gostar, mas sugiro escolher 4 variedades para ficar bem colorido e saboroso. Minhas sugestões são: morango, kiwi, melão e uvas verdes. Adicione o suco de laranja, o vinho e as pedras de gelo. Caso prefira a versão sem álcool, use suco de uvas brancas no lugar do vinho.

Dica: Você pode adicionar laranja em rodelas e folhas de hortelã.

Rendimento: 8 taças.

Conserva de Abobrinha

CONSERVA DE ABOBRINHA

Ingredientes
1 abobrinha grande
$^1/_2$ litro de vinagre branco
500ml de água
1 colher (café) de pimenta calabresa seca
1 colher (sopa) de sal
2 dentes de alho cortados ao meio
250 a 350ml de azeite (dependendo do tamanho do vidro)

Modo de preparo
Corte em rodelas a abobrinha com casca, o mais fino que puder, se possível com ajuda de um fatiador de legumes. Leve em fogo médio as fatias de abobrinha, a água, o sal e o vinagre. Deixe no fogo por 1 minuto após levantar fervura. Escorra o líquido e vá secando as rodelas de abobrinha com auxílio de um pano limpo ou papel toalha.
Deixe as abobrinhas esfriarem e coloque em um vidro higienizado intercalando-as com azeite, alho e pimenta calabresa.
Ao final é importante que as abobrinhas fiquem todas submersas no azeite. Mantenha a conserva na geladeira. O ideal é deixar descansar pelo menos 24 horas antes de consumir. Você pode servir com pães e torradas, usar em sanduíches, pizzas, massas e tortas.
Se o azeite solidificar na geladeira, você pode mergulhar o vidro por 1 minuto em água fervente ou colocar (sem tampa) no micro-ondas por alguns segundos na hora de consumir. Dura aproximadamente 40 dias na geladeira.

Dica: Use o azeite aromatizado que sobrar dessa conserva para fazer refogados em geral.

Rendimento: 1 vidro de aproximadamente 500ml.

Salada de Bifum
(Macarrão de Arroz)

SALADA DE BIFUM (MACARRÃO DE ARROZ)

Ingredientes da salada
1 pepino (pequeno) japonês
1 cenoura (pequena)
1 colher (sopa) de sal
150g de macarrão bifum
5 fatias de presunto

Ingredientes do molho
3 colheres (sopa) de vinagre de arroz ou vinagre branco
2 colheres (sopa) de água
2 colheres (chá) de açúcar
1 colher (chá) de sal
1 colher (chá) de óleo de gergelim (ou azeite)
Gergelim preto para decorar

Modo de preparo
Rale o pepino e a cenoura, de preferência com um ralador que faça fios finos
e longos. Coloque-os em uma peneira e adicione uma colher (sopa) de sal
e deixe descansar por meia hora. O sal vai desidratar os vegetais e soltar
bastante líquido. Após esse tempo, enxague bem, escorra e reserve.
Pique em tirinhas bem finas o presunto. Cubra o macarrão bifum com água
fervente e deixe descansar por 2 minutos. Escorra e adicione pedras de gelo
para que ele esfrie rápido.
Junte o bifum, a cenoura, o pepino e o presunto. Misture todos os ingredientes
do molho (exceto o gergelim) e regue a salada. Polvilhe o gergelim por cima.

Dica: Essa salada fica mais gostosa se descansar na geladeira por 2 horas, mas
pode permanecer na geladeira por até 4 dias.

Rendimento: 8 porções.

69

Outono

Tapioca Cremosa com Coco Queimado

TAPIOCA CREMOSA COM COCO QUEIMADO

Ingredientes
½ xícara (chá) de tapioca granulada
500ml de leite integral
200ml de leite de coco
2 gemas
1 xícara (chá) de açúcar
½ xícara (chá) de coco branco seco desidratado
½ xícara (chá) de coco queimado desidratado

Modo de preparo
Aqueça metade do leite até começar a ferver, retire do fogo e misture a tapioca. Deixe descansar por 2 horas mexendo rapidamente a cada 15 minutos para a tapioca não ficar depositada no fundo do recipiente.
Leve ao fogo a tapioca hidratada no leite, o restante do leite integral, o leite de coco, as gemas, o açúcar e o coco branco. Deixe ferver até engrossar. Caso fique muito grosso, adicione um pouco mais de leite, até atingir a consistência de um creme.
Coloque em recipiente único ou em taças individuais e leve para gelar.
Na hora de servir, polvilhe coco queimado.

Dica: Antes do coco queimado, adicione uma colher de doce de leite em cada porção.

Rendimento: 6 a 8 porções.

Barquinha de Batata Gratinada

BARQUINHA DE BATATA GRATINADA

Ingredientes

2 batatas médias cozidas
1 colher (sopa) de manteiga
$^1/_2$ colher (chá) de alho triturado
$^1/_2$ xícara (chá) de queijo parmesão ralado
1 colher (sopa) de creme de leite
1 gema
1 colher (sopa) de salsinha picada
Sal e pimenta-do-reino a gosto

Modo de preparo

Cozinhe as batatas com casca em água fervente até ficarem macias, porém não demasiadamente. Faça o teste do ponto enfiando um palitinho, se ele entrar facilmente, está cozida. Para fazer as barquinhas, corte as batatas ainda quentes ao meio e com a ajuda de uma colher pequena retire a polpa na região central, formando uma cavidade.
Misture a polpa de batata que foi retirada com o restante dos ingredientes. Preencha as "barquinhas" e leve ao forno em 200°C até gratinar.

Dica: Adicione bacon frito picado antes de levar ao forno.

Rendimento: 4 porções.

Carne de Porco Agridoce

CARNE DE PORCO AGRIDOCE

Ingredientes do molho

180ml de água quente misturada com
1 envelope ou tablete de caldo de legumes
1 colher (sopa) de amido de milho
1 colher (sopa) de vinagre branco
1 colher (sopa) de ketchup
1 colher (sopa) de açúcar
3 colheres (sopa) de molho de soja (shoyu)

Ingredientes gerais

1 colher (sopa) de óleo de gergelim para
refogar (opcional)
2 colheres (sopa) de óleo de soja
500g de cubos de carne suína (lombo, copa
ou filé mignon) temperados com pelo menos
2 horas de antecedência com 1 colher (café)
de sal, 1 colher (sopa) de vinagre branco e 2
colheres (sopa) de molho de soja
$^1/_2$ cebola picada em pedaços grandes
2 dentes de alho picados
1 cenoura (pequena) cortada em rodelas bem
finas
$^1/_2$ xícara de vagens picadas
¼ de pimentão vermelho picado em cubos
¼ de pimentão amarelo picado em cubos
Gergelim e cebolinha para a finalização
(opcional)

Modo de preparo

Misture todos os ingredientes do molho e
reserve. Em uma frigideira funda ou *wok*
coloque o óleo de gergelim e o óleo de soja e
frite os cubos de carne.
Na sequência, adicione a cebola e o alho.
Quando a mistura estiver bem dourada,
junte a cenoura e a vagem. Após 5 minutos,
some os pimentões. Mantenha tudo em
fogo médio mexendo sempre para cozinhar,
lembrando que os vegetais devem ficar
crocantes.
Junte o molho e misture bem para que ele
ferva e engrosse. Desligue o fogo e salpique
gergelim e cebolinha verde.

Dica: Se preferir, troque a carne de porco por
frango ou carne bovina.

Rendimento: 6 porções.

Focaccia com Alecrim e Sal Grosso

FOCACCIA COM ALECRIM E SAL GROSSO

Ingredientes
140ml de água morna
¹/₂ colher (sopa) de fermento biológico seco instantâneo para pães (granulado)
1 ¹/₂ colher (sopa) de açúcar
¹/₂ colher (sopa) de sal
¼ xícara (chá) de azeite para a massa e mais um fio para regar por cima
250g de farinha de trigo

Modo de preparo
Comece misturando o açúcar, o fermento, a água morna e 2 colheres (sopa) de farinha de trigo que você retira da quantidade total indicada. Deixe descansar por 10 minutos em local abafado (dentro do micro-ondas, por exemplo). Após o descanso, acrescente o azeite e o sal e vá adicionando a farinha aos poucos. O ponto correto da massa é quando ela ficar levemente pegajosa. Deixe crescer coberta com um pano por 20 minutos, mas se onde você mora o clima estiver frio (menos de 23 graus), este tempo pode dobrar.
Unte com azeite uma forma de aproximadamente 24x18cm, ajeite a massa no fundo e deixe descansar novamente por 15 minutos. Faça cavidades na superfície usando a ponta dos dedos, espete um raminho de alecrim fresco em cada orifício, salpique sal grosso e regue com azeite. Leve ao forno preaquecido em 200° por aproximadamente 35 minutos, ou até dourar a superfície.

Dica: Você pode colocar molho de tomate, queijo e os ingredientes que desejar na superfície da *Focaccia* antes de ir ao forno.

Rendimento: 8 porções.

Torta Holandesa no Potinho

TORTA HOLANDESA NO POTINHO

Ingredientes do creme de baunilha
2 gemas
250ml de leite integral
4 colheres (sopa) de açúcar
2 colheres (sopa) de amido de milho
1 colher (sopa) rasa de manteiga
1 colher (chá) de essência de baunilha

Ingredientes do creme de chocolate
130g de chocolate meio amargo
$^1/_2$ caixinha (100g) de creme de leite

Base: 1 pacote pequeno de biscoito de leite ou de Maizena triturado no liquidificador ou processador.

Decoração: Biscoito com cobertura de chocolate.

Modo de preparo
Distribua os biscoitos triturados no fundo dos potinhos escolhidos.
Bata todos os ingredientes do creme de baunilha no liquidificador, ou misture-os muito bem, e leve ao fogo médio mexendo até começar a ferver. Baixe o fogo para mínimo e continue mexendo até engrossar, mas lembre-se que ele só atingirá o ponto firme depois de gelado. Coloque nos potinhos sobre os biscoitos triturados e leve para a geladeira por 1 hora.
Leve os ingredientes do creme de chocolate ao micro-ondas e a cada 20 segundos mexa bem. Repita o processo, de 20 em 20 segundos, até o chocolate estar completamente derretido e misturado com o creme de leite. Deixe esfriar totalmente em temperatura ambiente para colocar sobre o creme de baunilha.
Leve para a geladeira e na hora de servir decore com um biscoito com cobertura de chocolate.

Dica: Você pode usar raspas de chocolate para decorar e ainda usar uma camada de morangos picados entre os dois cremes.

Rendimento: 4 a 6 porções dependendo da capacidade do potinho usado.

Arroz com Camarões

ARROZ COM CAMARÕES

Ingredientes
2 colheres (sopa) de azeite
1 cebola picada
2 dentes de alho picados
$^1/_3$ de pimentão amarelo picado
1 lata de tomates pelados em cubos ou 3 tomates sem semente
picados
1 colher (chá) molho de pimenta
$^1/_3$ de xícara (chá) de ervilhas frescas
200g de camarões sem casca pré-cozidos
2 colheres (chá) de sal
1 colher (chá) de açafrão da terra (cúrcuma)
1 colher (chá) de páprica picante
1 xícara de arroz agulhinha
2 xícaras (chá) de água fervente

Modo de preparo
Refogue a cebola no azeite, junte o alho, o pimentão e refogue por 2
minutos em fogo baixo. Junte o tomate pelado, o molho de pimenta
e mantenha no fogo por mais 2 minutos. Junte as ervilhas e os
camarões. Tampe a panela e deixe ferver por 1 minuto.
Acrescente o sal, o açafrão e a páprica. Junte o arroz cru, misture bem,
acrescente a água fervente e tampe a panela, deixando uma brecha
para escapar o vapor. Mantenha tudo em fogo baixo até secar a água e
cozinhar o arroz. Polvilhe salsinha e sirva.

Dica: Se você usar os camarões pré-cozidos, eles não ficarão
com aspecto "borrachudo", mas se optar pelos camarões frescos,
acrescente-os apenas nos 5 minutos finais do cozimento do arroz.

Rendimento: 4 porções.

Biscoitinhos de Fubá com Erva-Doce

BISCOITINHOS DE FUBÁ COM ERVA-DOCE

Ingredientes
1 ovo
100g de manteiga ou margarina sem sal
$^2/_3$ xícara (chá) de açúcar
1 xícara (chá) de fubá
1 colher (sopa) de erva-doce
Amido de milho até dar ponto (aproximadamente ½ xícara)

Modo de preparo
Misture todos os ingredientes e vá acrescentando o amido de milho
aos poucos até desgrudar das mãos e formar uma massa lisa.
Faça bolinhas e coloque em uma assadeira. Não é preciso untar
porque a massa já contém bastante gordura. Achate os biscoitos
pressionando-os com um garfo e leve-os para assar em 200°C por
aproximadamente 20 minutos. Este tempo pode variar bastante
conforme o forno.
Não é necessário deixar dourar. Os biscoitos ficarão crocantes
somente depois de frios.

Dica: Coloque pedacinhos de goiabada sobre os biscoitos antes de
levar ao forno.

Rendimento: 30 a 40 unidades.

Frango à Pizzaiolo

FRANGO À PIZZAIOLO

Ingredientes
4 filés de frango temperados
4 fatias de queijo mozarela
8 rodelas de tomate
Orégano seco a gosto
Folhas de manjericão fresco a gosto

Modo de preparo
Tempere os filés de frango da maneira que preferir. Um tempero bem saboroso fará toda a diferença nesta receita. Grelhe os filés, de preferência em frigideira antiaderente, e coloque-os em um refratário ou assadeira.
Sobre cada pedaço de frango coloque uma fatia de queijo e duas rodelas de tomate. Salpique orégano e coloque algumas folhinhas de manjericão. Leve ao forno para derreter o queijo.

Dica: Você pode fazer a mesma receita com filés de peixe.

Rendimento: 4 porções.

Frittata de Batata, Brócolis e Calabresa

FRITTATA DE BATATA, BRÓCOLIS E CALABRESA

Ingredientes
½ cebola picada
½ gomo de linguiça calabresa picada em cubinhos
1 pimenta dedo-de-moça sem a semente picada
1 batata média cortada em cubos já cozida em água e sal
1 xícara de flores de brócolis já cozidas em água e sal
3 ovos grandes batidos
2 colheres (sopa) de queijo parmesão ralado
Sal, pimenta-do-reino e orégano a gosto

Modo de preparo
Bata ligeiramente os ovos (com o batedor de arame ou um garfo)
e tempere com sal e pimenta-do-reino. Misture o parmesão
ralado. Reserve.
Frite a calabresa, a cebola e a pimenta dedo-de-moça. Não
precisa adicionar óleo, a própria gordura que a calabresa solta
já é suficiente. Junte a batata em cubos, o brócolis e despeje os
ovos sobre os ingredientes. Abaixe o fogo para mínimo e tampe a
frigideira. Espere os ovos estarem cozidos na superfície.
Se você quiser acelerar o processo, vire a frittata em um prato
e volte para a frigideira para assar a parte que estava para cima.
Sirva em seguida.

Dica: Se preferir, troque a calabresa por bacon, ou se você for
vegetariano, por tofu defumado.

Rendimento: 4 porções.

Batata Hasselback com Azeite e Alecrim

BATATA *HASSELBACK* COM AZEITE E ALECRIM

Ingredientes
4 batatas grandes
2 colheres (sopa) de folhas de alecrim fresco picadas
8 colheres (sopa) de azeite
1 colher (chá) rasa de sal

Modo de preparo
Misture o alecrim com o azeite e o sal e deixe descansar por pelo menos 30 minutos para pegar o sabor.
Preaqueça o forno a 200°C.
Higienize as batatas cruas, mas as mantenha com a casca.
Corte uma fatia rasa nas costas da batata e vire a parte cortada para baixo para que ela não fique se movimentando na assadeira.
Com uma faca bem afiada faça fatias finas no sentido vertical em toda a batata sem chegar até o final para não separar as fatias ou abrir demais ao assar.
Unte uma assadeira com azeite. Coloque as batatas e regue-as com metade da mistura de azeite e alecrim, abrindo delicadamente as fatias para que penetre bem.
Leve ao forno em 200°C por 35 minutos. Retire, regue novamente com a outra parte do azeite com alecrim e volte ao forno até que fiquem bem cozidas por dentro e crocantes nas bordas.
O tempo de forno pode variar de 1 a 2 horas dependendo do tamanho e qualidade das batatas, bem como das peculiaridades de cada forno, sendo assim, o ideal é checar a cada 15 minutos.

Dica: Quando a batata estiver quase cozida, retire do forno, polvilhe parmesão ralado e volte ao forno para gratinar.

Rendimento: 4 porções.

Carne de Panela com Batatas

CARNE DE PANELA COM BATATAS

Ingredientes
3 colheres (sopa) de azeite
1 cebola grande picada
3 dentes de alho picados
1 cenoura picada em cubos bem pequenos
500g de carne cortada em cubos grandes
1 colher (sopa) de extrato de tomate (ou 1 tomate sem semente picado)
1 colher (chá) de páprica defumada
2 colheres (sopa) de shoyu
Sal e pimenta-do-reino a gosto
150ml de água em temperatura ambiente
2 batatas médias sem casca picada em cubos médios
Salsinha para polvilhar no final

Modo de preparo
Refogue a cebola no azeite até murchar. Junte o alho e refogue sem deixar ficar marrom. Acrescente a cenoura e mexa bem. Junte a carne e vá virando os cubos até que todos os lados fiquem cozidos. Não precisa dourar demais, só "secar" o sangue.
Acrescente o extrato de tomate, a páprica, o shoyu, o sal, a pimenta-do-reino e a água. Tampe a panela e, após pegar pressão, coloque em fogo mínimo e conte 20 minutos. Desligue o fogo e deixe a pressão sair naturalmente.
Abra a panela, acrescente as batatas, se preciso coloque mais água, mas não precisa cobrir tudo, apenas dois dedos de líquido na panela é suficiente. Volte ao fogo e, assim que pegar pressão, conte 5 minutos e desligue. Deixe novamente sair a pressão. Na hora de servir, polvilhe salsinha.

Dica: Os cortes de carne indicados para esta receita são coxão-mole, coxão-duro, acém, paleta, peito.

Rendimento: 4 porções.

Canelone Invertido

CANELONE INVERTIDO

Ingredientes
4 "ninhos" de macarrão tipo cabelo de anjo
2 dentes de alho picados
2 colheres (sopa) de manteiga
50ml de leite
2 colheres (sopa) cheias de requeijão cremoso
1 colher (sopa) cheia de salsinha picada
12 fatias de presunto cozido
12 fatias de queijo mozarela
Sal e orégano a gosto

Modo de preparo
Cozinhe o macarrão na água com sal pelo tempo indicado na embalagem, escorra e reserve.
Aqueça a manteiga e doure levemente o alho. Junte o macarrão cozido, o leite, o requeijão e a salsinha e misture bem. Acerte o sal de acordo com seu gosto.
Para a montagem, coloque uma fatia aberta de presunto sobre uma superfície lisa. Sobre ela coloque uma fatia de queijo, um punhado do macarrão cabelo de anjo que foi refogado e enrole como um rocambole.
Coloque os "rolinhos" lado a lado, cubra com molho de tomate (caseiro ou industrializado), salpique orégano e leve ao forno preaquecido em 200°C apenas para aquecer e derreter o queijo.

Dica: Você pode usar molho branco na cobertura e salpicar parmesão ralado antes de ir ao forno.

Rendimento: 12 unidades.

Papelote de Bacalhau

PAPELOTE DE BACALHAU

Ingredientes
4 pedaços de lombo de bacalhau já dessalgado
16 cebolas tamanho aperitivo (ou 1 cebola média em rodelas)
8 tomatinhos (cereja ou uva)
2 batatas médias sem casca cortados em rodelas
8 azeitonas pretas
8 rodelas de pimentão amarelo
Azeite, sal, pimenta-do-reino e salsinha a gosto

Modo de preparo
Retire a pele e corte o lombo de bacalhau em pedaços grandes.
Cozinhe as rodelas de batatas por 5 minutos em água fervente. Escorra.
Para cada porção individual, abra um retângulo de papel alumínio,
regue com um fio de azeite, coloque rodelas de batatas no centro dele.
Sobre elas, coloque o bacalhau, junte 4 cebolas aperitivo, 2 tomatinhos,
2 azeitonas e 2 rodelas de pimentão. Salpique sal, pimenta-do-reino e
salsinha a gosto. Regue com azeite e feche o papelote como se fosse
um envelope, vedando bem para não deixar o ar escapar.
Repita o procedimento até ter quatro papelotes. Coloque-os em uma
assadeira e leve ao forno preaquecido por 35 minutos. Abra com
cuidado, verifique o ponto de cozimento e, se necessário, volte ao
forno por mais alguns minutos.

Dica: Se preferir, use postas do seu peixe preferido no lugar do
bacalhau.

Rendimento: 4 unidades.

Mousse de Chocolate

MOUSSE DE CHOCOLATE

Ingredientes
240g de chocolate meio amargo picado
200ml de creme de leite sem soro
4 claras em neve em ponto firme

Modo de preparo
Leve o chocolate e o creme de leite ao micro-ondas parando o tempo e mexendo a cada 30 segundos para não queimar o chocolate. Repita o processo até que vire um creme homogêneo. Deixe esfriar em temperatura ambiente.
Misture delicadamente as claras em neve ao creme de chocolate usando uma espátula ou colher grande. Coloque em potinhos e leve para gelar por pelo menos 2 horas.

Dica: Decore com chantili na hora de servir.

Rendimento: 6 unidades.

Inverno

Creme de Cenoura

CREME DE CENOURA

Ingredientes
2 colheres (sopa) de azeite de oliva
½ cebola picada
2 dentes de alho picados
3 cenouras sem casca cortadas em rodelas
1 envelope ou tablete de caldo de legumes
1 colher (chá) de gengibre picado
200g de creme de leite
Sal e pimenta-do-reino o quanto baste
Água o suficiente

Modo de preparo
Aqueça o azeite e refogue a cebola. Quando começar a ficar transparente, junte o alho, e antes que ele doure, acrescente o gengibre e a cenoura. Misture bem. Acrescente o caldo de legumes e cubra tudo com água fervente. Não é necessário muita água, só até chegar ao nível dos ingredientes. Deixe ferver até que as cenouras fiquem bem macias. Se necessário, vá acrescentando água aos poucos durante este processo. Bata a mistura no liquidificador ou use um mixer direto na panela. Acerte o sal, polvilhe pimenta-do-reino e adicione o creme de leite. Não precisa ferver, apenas aquecer o creme.
Polvilhe ricota defumada ralada por cima.

Dica: Se preferir, substitua a ricota defumada por queijo parmesão.

Rendimento: 2 porções generosas.

Pudim de Café

PUDIM DE CAFÉ

Ingredientes do pudim
4 ovos
1 lata de leite condensado
½ lata (use a medida da lata de leite condensado) de café forte sem adoçar
1 lata (use a medida da lata de leite condensado) de leite integral

Ingredientes da calda de caramelo
1 xícara (chá) de açúcar
½ xícara (chá) de água

Modo de preparo da calda de caramelo
Em uma forma de alumínio própria para pudim, coloque o açúcar e a água e leve a mistura ao fogo baixo até ferver e formar um caramelo dourado. Caso você não tenha muita prática para fazer diretamente na forma, faça em uma panela e depois transfira para a forma de pudim. Espalhe o caramelo por toda a forma e reserve.

Modo de preparo do pudim
Bata todos os ingredientes do pudim no liquidificador. Despeje na forma reservada, cubra com papel alumínio, asse em banho-maria por uma hora e meia. Depois de frio, leve para gelar. Desenforme e sirva.
Você também pode usar forminhas individuais que resultarão em 12 pequenos pudins como o da imagem.

Dica: Se preferir, troque a água da calda por café coado.

Rendimento: 10 porções.

Caldo de Frango com Legumes

CALDO DE FRANGO COM LEGUMES

Ingredientes
1 xícara (chá) de peito de frango cozido e desfiado
2 colheres (sopa) de azeite
1 cebola pequena picada
2 dentes de alho picados
1 cenoura picada
1 batata grande picada
½ xícara (chá) de arroz cru
2 litros de água
2 tabletes de caldo de legumes ou galinha
Cheiro verde, sal e pimenta-do-reino a gosto

Modo de preparo
Refogue a cebola e o alho no azeite. Junte o frango desfiado e deixe tomar gosto. Acrescente a cenoura, a batata e o arroz cru. Ferva 1,5 litro de água e dissolva os tabletes de caldo. Derrame sobre o refogado. Os outros 500ml que sobraram pode ser que você precise ir acrescentando aos poucos, à medida que o arroz e os vegetais forem absorvendo os líquidos e secando o caldo da panela. Mantenha a mistura fervendo em fogo baixo até o arroz e os vegetais estarem cozidos. Desligue o fogo, acerte o sal, acrescente pimenta-do-reino, junte o cheiro verde picado e sirva.

Dica: Por cima, na hora de servir, salpique uma colher (sopa) de queijo parmesão ralado em cada porção.

Rendimento: 4 porções.

Galette de Pera com Chocolate Amargo

GALETTE DE PERA COM CHOCOLATE AMARGO

Ingredientes da massa
½ xícara (chá) de farinha de trigo
½ colher (sopa) de açúcar
1 colher (café) de sal
1 colher (sopa) de requeijão cremoso
1 colher (sopa) de manteiga amolecida
Água gelada até dar ponto

Ingredientes do recheio
1 pera sem o miolo fatiada finamente
1 colher (sopa) de açúcar
½ colher (sopa) de amido de milho
1 colher (chá) de canela em pó
60g de chocolate amargo picado em
pedacinhos

Modo de preparo da massa
Misture todos os ingredientes e vá
acrescentando a água gelada aos poucos
até conseguir uma massa uniforme que não
grude nas mãos. Faça uma bola, envolva
com filme plástico e deixe descansar por 20
minutos.

Modo de preparo do recheio
Misture o açúcar, o amido e a canela. Passe
cada fatia da pera nesta mistura envolvendo
todos os lados.

Montagem
Abra a massa com um rolo em forma de
círculo. Não tem problema deixar as bordas
irregulares, porque a intenção é manter a
rusticidade. Coloque as fatias de pera ao
centro formando um círculo de modo a
sobrar dois dedos de massa na borda toda.
Coloque os pedacinhos de chocolate sobre a
pera e dobre a massa que sobrou em direção
ao centro.
Transfira para uma assadeira untada e
enfarinhada e leve para assar em 200°C até a
massa ficar dourada.

Dica: Sirva com sorvete de sua preferência ou
chantili.

Rendimento: 4 porções.

Risoto de Tomate e Mozarela

RISOTO DE TOMATE E MOZARELA

Ingredientes
2 colheres (sopa) de azeite
1 talo de alho-poró picado
1 lata de tomates pelados picados ou 3 tomates sem pele e sem semente picados
2 xícaras (chá) de arroz arbóreo
1 tablete de caldo de legumes dissolvido em 600ml de água fervente
½ xícara (chá) de champignon em conserva picado
250g de mozarela de búfala (ou comum) grosseiramente picada
¼ de xícara (chá) de queijo parmesão ralado
Sal e pimenta-do-reino de acordo com seu gosto
2 colheres (sopa) de folhas de manjericão picadas e um raminho inteiro para decorar

Modo de preparo
Em uma panela, aqueça o azeite e refogue o alho-poró até murchar. Junte o tomate pelado e refogue.
Acrescente o arroz e misture até envolver os grãos. Junte o caldo de legumes aos poucos. Você deve acrescentar uma concha de caldo, mexer em fogo baixo até quase secar por completo e só então acrescentar outra concha. Repita este processo até que o arroz esteja cozido e cremoso. Se necessário, acrescente mais água quente.
Tempere com sal e pimenta-do-reino e, por último, salpique as folhas de manjericão picadas.
Por fim, misture o champignon, a mozarela de búfala e o parmesão. Sirva em seguida.

Dica: Por cima, na hora de servir, espalhe uns pedaços da mozarela e decore com um ramo de manjericão.

Rendimento: 4 porções.

Pot Pie de Frango

POT PIE DE FRANGO

Ingredientes
2 colheres (sopa) de azeite
2 dentes de alho picados
1 cebola pequena picada
1 peito de frango sem osso e sem pele cortado em cubos pequenos
3 colheres (sopa) de extrato de tomate
½ xícara (chá) champignon em conserva picado
1 caixinha (200g) de creme de leite
½ xícara (chá) de azeitonas verdes picadas
¼ xícara (chá) de ervilhas frescas
Sal, pimenta-do-reino ou temperos que desejar a gosto
1 massa folhada pronta, o suficiente para cobrir o fundo, laterais e tampar
seis recipientes individuais ou um único de tamanho médio

Modo de preparo
Em uma panela, aqueça o azeite e refogue a cebola e o alho. Junte os
cubos de frango e mexa bem para que dourem por igual. Acrescente o
extrato de tomate e refogue por 1 minuto, mexendo para envolver bem o
frango.
Junte os cogumelos, as azeitonas e as ervilhas. Por fim, acrescente o creme
de leite. Tempere com sal e pimenta-do-reino e deixe esfriar.
Forre os fundos e laterais de seis refratários individuais com a massa,
coloque o recheio frio e cubra com mais massa. Leve ao forno médio
(180°C), preaquecido, para que a massa fique dourada e crocante.

Dica: Acrescente damascos picados e uvas-passas ao recheio se gostar de
sabores agridoces.

Rendimento: 6 porções.

Brownie de Café com Chocolate Amargo

BROWNIE DE CAFÉ COM CHOCOLATE AMARGO

* Receita de Luciana Carpinelli – Blog Cozinhando para 2 ou 1

Ingredientes

2 ovos
1 ¼ xícara (chá) de açúcar cristal
½ xícara (chá) de manteiga em temperatura ambiente
1 pitada de sal
1 xícara (café) de café forte coado
¾ de xícara de farinha de trigo
3 colheres (sopa) de cacau em pó
½ xícara de chocolate amargo picado ou em gotas

Modo de preparo

Bata bem (na batedeira ou com o *fouet*) os ovos e o açúcar até obter um creme branco e fofo. Acrescente a manteiga e o sal e, por fim, o café, e continue batendo até incorporar todos os ingredientes.

Sobre esta mistura, peneire a farinha de trigo com o cacau em pó e mexa delicadamente para envolver tudo. Por fim, acrescente metade do chocolate picado. Despeje a massa em uma assadeira pequena (aproximadamente 27x18cm) untada e forrada com papel manteiga. Distribua o restante do chocolate por cima e leve para assar em forno preaquecido em 200°C por aproximadamente 25 minutos ou até que a superfície esteja sequinha, mas que, ao tocar o *brownie* com os dedos, dê para sentir a massa ainda macia. Retire do forno, corte em pedaços e, com cuidado, solte-os do papel.

Dica: Na hora de servir, salpique por cima uma colher (sopa) de cacau em pó com 1 colher (café) de café solúvel em pó para enfeitar os pedaços.

Rendimento: 10 porções.

Caldinho de Feijão

CALDINHO DE FEIJÃO

Ingredientes
½ xícara (chá) de linguiça tipo calabresa picada em pedaços miúdos
2 xícaras (chá) de feijão preto
1 folha de louro
2 colheres (sopa) de azeite
½ cebola picada
2 dentes de alho picados
1 colher (chá) de molho de pimenta industrializado
Sal de acordo com seu gosto
Cebolinha picada para decorar

Modo de preparo
Cozinhe o feijão na panela de pressão só com água e uma folha de louro.
Frite a linguiça sem adicionar óleo, apenas a gordura que ela soltará será
suficiente para dourá-la. Retire e reserve. Na mesma panela, ainda com
a gordura da linguiça, adicione o azeite e refogue a cebola e o alho. Na
sequência, junte o feijão, o molho de pimenta e acerte o sal. Deixe ferver
por 1 minuto. Bata esta mistura no liquidificador ou mixer. Se achar que a
consistência ficou muito grossa, adicione um pouco de água e bata mais
um pouco.
Coloque em copinhos, espalhe por cima pedacinhos da linguiça frita e
cebolinha para decorar.

Dica: Se preferir, troque a linguiça por bacon.

Rendimento: 10 porções.

Chili Nachos

CHILI NACHOS

Ingredientes
3 colheres (sopa) de azeite
½ cebola picada
2 dentes de alho picados
¼ de pimentão verde picado
500g de carne moída
1 colher (sopa) de molho de pimenta industrializado
1 envelope de caldo de carne em pó
1 xícara (chá) de feijão cozido sem caldo
300ml de molho de tomate (caseiro ou industrializado)
Salsinha e sal a gosto
Queijo cremoso sabor cheddar
Salgadinhos tipo *nachos* mexicanos para acompanhar

Modo de preparo
Refogue a cebola e o alho no azeite, junte os pimentões e mexa por alguns minutos para que amoleçam um pouco. Acrescente a carne moída e refogue bem. Some o molho de pimenta, o caldo de carne, o feijão e o molho de tomate. Cozinhe por alguns minutos. Corrija o sal se necessário e salpique salsinha picada. Coloque a carne em um recipiente fundo e por cima adicione o queijo cremoso. Sirva acompanhado dos salgadinhos tipo *nachos*.

Dica: Se não encontrar o queijo cremoso, você pode adicionar um punhado de queijo prato ou cheddar ralado.

Rendimento: 8 porções.

Pão de Alho com Queijo

PÃO DE ALHO COM QUEIJO

Ingredientes
4 pãezinhos tipo bisnaguinha
1 colher (sopa) rasa de manteiga amolecida com sal em temperatura ambiente
1 colher (sopa) rasa de maionese
1 dente de alho amassado ou triturado
$^1/_3$ xícara (chá) de queijo mozarela ralado

Modo de preparo
Junte a manteiga, a maionese e o alho e mexa bem para virar um creme uniforme. Pincele essa mistura no fundo de um refratário. Corte os pãezinhos ao meio e passe também um pouco do creme no interior de cada um. Recheie com uma parte do queijo ralado. Alinhe os pães lado a lado no refratário e por cima deles espalhe o restante da mistura e do queijo ralado. Leve ao forno em 220°C por aproximadamente 10 minutos ou até o queijo derreter e gratinar.

Dica: Adicione 2 colheres (sopa) de cheiro verde picado à mistura.

Rendimento: 4 porções.

Peixe Ensopado

PEIXE ENSOPADO

Ingredientes
1kg de postas de pintado ou seu peixe preferido
2 dentes de alho amassados
Suco de 1 limão taiti (30ml)
Sal e pimenta-do-reino a gosto
4 colheres (sopa) de azeite
1 cebola grande em rodelas
1 pimentão amarelo em rodelas ou tiras
1 pimentão verde em rodelas ou tiras
1 tomate em rodelas
1 garrafa de leite de coco (200ml)
2 colheres (sopa) de extrato de tomate
Salsinha a gosto
Opcional: azeite-de-dendê para regar no final

Modo de preparo
Tempere as postas de peixe com o alho, o suco de limão, sal e pimenta-do-reino. Deixe tomar gosto no tempero por pelo menos 2 horas.
Em uma panela grossa e funda (de barro, ferro fundido ou fundo triplo), disponha o azeite, a cebola, os pimentões e o tomate. Em seguida, acrescente as postas de peixe. Leve ao fogo por 20 minutos em panela tampada. Misture o leite de coco e o extrato de tomate e adicione sobre o peixe. Prove o caldo do ensopado e acerte o sal e a pimenta-do-reino. Tampe novamente a panela e deixe ferver por 10 minutos. Finalize com salsinha picada e, se você quiser, regue com azeite-de-dendê.

Dica: Você pode adicionar duas pimentas dedo-de-moça picadas (sem semente).

Rendimento: 4 porções.

Creme de Milho e Batata com Linguiça

CREME DE MILHO E BATATA COM LINGUIÇA

Ingredientes
4 colheres (sopa) de azeite
1 cebola picada
2 latas de milho verde (sem a água)
4 batatas médias picadas em cubos
3 dentes de alho picados
1,5 litro de caldo de galinha ou legumes (pode ser caseiro ou 2 tabletes dissolvidos na água)
½ caixinha (100g) de creme de leite
1 gomo de calabresa picada para finalizar
Sal a gosto

Modo de preparo
Refogue a cebola e o alho no azeite, junte o milho e as batatas, misture bem. Cubra com o caldo e deixe ferver e cozinhar até que as batatas fiquem bem macias. Acrescente o creme de leite. Triture tudo com um mixer ou coloque no liquidificador. Se o creme estiver muito espesso, adicione um pouco mais de água e deixe ferver novamente. Prove o sal, se achar necessário acrescente uma pitadinha, mas não se esqueça de que a calabresa é bem salgada.
Leve ao fogo em uma frigideira antiaderente a calabresa picada e refogue na própria gordura que ela libera. Na hora de servir, coloque-a sobre o creme.

Dica: Se preferir, substitua a calabresa por bacon.

Rendimento: 4 porções.

Conchiglioni Quatro Queijos

CONCHIGLIONI QUATRO QUEIJOS

Ingredientes do molho branco
500ml de leite
1 folha de louro
1 cebola pequena em rodelas grandes
1 dente de alho descascado e cortado em três pedaços
10 grãos de pimenta-do-reino
Uma pitada de noz-moscada
2 colheres (sopa) cheias de manteiga
$^{1}/_{3}$ de xícara (chá) de farinha de trigo

Ingredientes do recheio
1 ½ xícara (chá) de ricota amassada
1 xícara (chá) de queijo mozarela ralado
½ xícara (chá) de queijo gorgonzola amassado
Creme de leite ou creme de ricota até formar uma pastinha

Cobertura
½ xícara (chá) de queijo parmesão ralado

Modo de preparo recheio
Misture os três queijos e vá acrescentando o creme de leite aos poucos até formar uma pastinha grossa.

Montagem
Cozinhe a massa em forma de concha pelo tempo indicado na embalagem. Escorra e preencha com o recheio. Cubra com o molho branco, salpique parmesão ralado e leve ao forno preaquecido em 200°C até o queijo gratinar.
* Essa quantidade de recheio dá para rechear aproximadamente 16 conchas.

Dica: Você pode combinar os queijos que preferir para fazer o recheio.

Rendimento: 4 porções.

Galinhada Prática

GALINHADA PRÁTICA

Ingredientes
6 unidades de coxinha da asa
300g de peito de frango em cubos
½ cebola picada
3 dentes de alho picados
½ xícara (chá) de milho verde em lata
½ xícara (chá) de ervilhas frescas ou de lata
⅓ de pimentão vermelho picado
1 colher (sopa) de extrato de tomate
½ tablete de caldo de galinha dissolvido em ⅔ xícara de água quente
Salsinha a gosto
4 xícaras (chá) de arroz pronto

Modo de preparo
Doure as coxinhas de frango em azeite. Junte o peito de frango e misture. Na sequência, some a cebola e o alho. Mexa até tudo ficar bem douradinho. Acrescente o pimentão, o milho e a ervilha. Junte o extrato de tomate e o caldo de galinha com a água. Tampe a panela e deixe cozinhar por 10 minutos. Por fim, acrescente o arroz pronto, a salsinha e misture bem.

Dica: Salpique parmesão ralado na hora de servir.

Rendimento: 6 porções.